INVENTAIRE
F 26057

Reglement
du Reg.t de
M. de Maigneulz
du 6. 7bre 1640.

F
4444
P.

Double

Charles des Essars Seig.r de Meigneux, eut
Commission de lever un Reg.t de 12. Comp.es
en 1635: hercule Concino Des Essars son frere
en estoit Major.

F. 4444
P.

26057

I

ARRESTE PAR FORME

de Reglement par les Capitaines du Regiment de Monsieur de Maigneulx : *Du Six Septembre 1640.*

Premierement ce qui consiste le fait des Gardes & commandemens d'honneur.

PREMIER.

'EXERCICE ce fera dans le Regiment tout d'vne mesme methode, afin qu'il n'y aye point de difference de l'instruction que receuront les Soldats.

II. En l'absence du Mestre de Camp le Lieutenant Colonel commandera en tous les lieux où il se trouuera, quoy que sa Compagnie n'y fust pas, & pourra choisir vne fois en vn tour du Regiment vne occasion s'il y veut aller, sans que pourtant que cela puisse faire tort au rang de celuy à qui c'estoit à y aller, mais aura son tour à la premiere fois.

Le Lieutenant Colonel marche tousiours

A

à la teſte, quoy que le Meſtre de Camp ſoit au Regiment, mais auec les Capitaines tenans la droitte, & ne marcher point autrement, quoy que le Meſtre de Camp ſoit abſent : Vn Capitaine commandant le Regiment aura les meſmes Priuileges que le Lieutenant Colonel, à la reſerue qu'il ne peut commander vn corps du Regiment, ſi ſa compagnie n'eſt dans ce corps en lieu de garniſon ; car à la compagnie il peut commander par tous les quartiers, & encore à la garniſon, il y peut commander en vn ſeul cas, qui eſt, s'il eſtoit obligé de quitter ſa garniſon pour aller à celle de la Colonele à faute d'autres Capitaines, comme il ſera dit en ſon lieu.

III. Vn Capitaine ou autre Officier ayant eſté deſtaché hors du Camp du Regiment, quoy qu'il n'aye rien fait, & meſme rentré ſans marcher, ſon tour eſt paſsé : Et encor quãd il ſe trouue abſent à l'heure que ce fait le commandement pour peu eſloigné qu'il fuſt, il faut qu'il attende que tout aye acheué, & que ſon tour reuienne, le meſme en eſt en marchant, qu'eſtans campez, le tour d'vn abſent par commiſſion du Regiment ne ſe porte point pour la faction d'honneur.

IIII. Tous les commandemens d'honneur ſe commencent touſiours par la teſte, ſi ce n'eſt qu'il y ait deux Capitaines cõmandez à la fois en ce cas, l'vn prend l'vn à la teste & l'autre à la queuë, ainsi de plus grand nombre, comme quand le Regiment fera deux ou plusieurs bataillons apres que ceux qui les doiuent commander, estans les plus anciens, du reste il fera pris autant de la teste que de la queuë, mais pourtant cet ordre ne pourra empescher que les Capitaines ne soiét partagez egalement dans chaque bataillon, & nonobstant le rang des Compagnies meneront les leur au bataillon, où ils yront, le mesme ordre se tiendra en tous commandements pour les autres Officiers, si ce n'est aux gardes de fatigue, ou il en est autrement.

v. Commandement ou bien garde d'honneur, est tout ce qui regarde la conseruation de quelque porte contre les ennemis, où de les attaquer en quelque maniere que ce soit : cõme par exemple mener des gens destachez à la teste ou à la queuë de l'armée, aller pour emporter quelque Chasteau ou Eglise, que tiendront les ennemis, ou estre mis parmi des escadrons, ou en quelque embuscade, sur l'apparence de voir les ennemis, garder vne porte contre le secours, aller pour secourir des gens attaquez, ou que l'on apprehende qui le soit, aller aux escortes des fourages, & toutes autres fortes de conuois de guerre, & qui concerne les affaires generales de l'armée.

Tout ce qui regarde les gardes des tranchées & toutes autres fortes d'actions qui regarde, ou attaquer les ennemis, ou conferuer contre eux en l'efpace d'vne garde ou le temps que met à reuenir vn party d'où il fera allé chercher les ennemis, car autrement c'eft vne refidence, & non vne garde.

VI. C'eft encore faction d'honneur que de recognoiftre vn paffage ou marets, vne brefche ou autre endroit de cette nature, mener vn fecours dans vne place affiegée, où foy mefme s'y ietter dedans: Mais comme cecy va pluftoft à choifir vn homme qui fçache fe feruir des moyens pour faire reüffir ces chofes ou autre de cette nature, que d'aller par rang de Regiment en ces rencontres feulement, fi le Regiment reçoit cet ordre, il fera choifi vn homme par tous les Capitaines & Officiers commandans des Compagnies, fans que pour ce choix aucun foit intereffé en fon honneur. Quand ie parle des Capitaines comme chefs de refolution, i'entends que le Meftre de Camp foit abfent, car eftant prefent, il peut d'authorité faire ce choix, & par tout ailleurs, il peut beaucoup, mais il confidere toufiours la pratique du Regiment.

VII. Les gardes de tranchées font toutes factions d'honneur, ou les plus anciens qui ont commiſſion du Regiment, choiſiront les premiers les poſtes qu'ils eſtimeront les plus honorables. Et en ſuite ceux d'apres iuſqu'à ce que tous les aye occupée en vne meſme garde, chacun ſe pouſſant les vns les autres, ſelon le degré du rang, & afin que chacun y ſoit autant les vns que les autres, le temps de vingt-quatre heure, ſi la garde ne dure que cela ſera partagé en autant de temps que l'on iugera pour faire que tous ayent eſté aux poſtes les plus eſtimées honorables.

Pour les Soldats, il n'y aura que les plus auancez que l'on releuera, & les Sergens de meſme, pour le temps que l'on doit demeurer ſans eſtre releué : Il ſe doit iuger au nombre d hommes qu'il y aura dans le Regiment.

Si la nuit il faut ſortir vn bataillon ou quelque nombre d'hommes de la tranchée, il ſera pris des Capitaines ou autres Officiers de ce qui ſera à la queuë de la tranchée, & les premiers à qui c'eſtoit à aller à la teſte, & s'il y en a deux de chaque charge, ce ſera vn de la teſte, & vn de la queuë.

Si ce pendant que le Regiment ſera en garde, il ſe fait quelque attaque ou logement, ce ſera au Capitaine & Officier qui aura l'endroit

le plus proche d'où se fera l'attaque ou logement, & par où il faudra sortir, mais pour ceux
qui le deuront soustenir seront pris en mesme
façon qu'il est dit, en cas que l'on sortist la nuit
vn bataillon hors de la tranchée, & ceux à qui
c'est les premiers à auoir la teste de la tranchée
s'il n'y auoit qu'vne partie du Regiment en garde, & qu'il fallust en faire venir de l'autre partie pour garder quelque poste degarny, ou en
faire autre chose, ceux qui seront commandez seront les premiers, & cela leur sera com-
pté pour rang, & ne pourront choisir à l'autre
garde.

Ceux qui desia seront dans la tranchée seront preferez à ceux-cy, y venant auec des
hommes pour secours à choisir, de donner ou
releuer vn qui aura fait vn logement.

Si par mal-heur il arriuoit qu'vn Officier
commande pour le seruice du Roy, ou pour
l'interest du corps fust pris des ennemis, sera
contribué de tout le corps pour sa rançon.

Le Lieutenant Colonel ou Capitaine commandant, peut aller en toutes les postes ordonner, ou le Major de sa part, & non point de
postes particulieres.

Il sera permis à chaque siege d'auiser la methode de la garde, mais à la premiere que fera
le Regiment afin de regler le tout selon le

nombre d'Officiers & de Soldats selon le lieu que ce sera, & combien apparemment, il peut durer de gardes pour le Regiment.

VIII.　Les gardes de fatigues ce commanceront tonsiours par la queuë, quoy qu'il y ait plusieurs Capitaines & Officiers pour la faire, & le tour ne s'en perd point pour estre absent, si ce n'est par commission du Chef ou du Regiment, ces gardes sont ordinairement la garde du canon, ou des viures de la Cauallerie dans vn lieu ouuert de quelque fort ou redoute és lignes du Camp, quelque conuois particuliers, la teste du quartier ou autres endroits d'iceluy, & ainsi de tout ce que l'on garde plustost par forme que par apparence d'y craindre l'ennemy.

I X.　Il y a encores les gardes extraordinaires qui sont ce qui apparemment ne peut ce rencontrer en vne année semblable chose qu'vne fois ou deux, comme laisser des hommes commandez, ou mesme des compagnies entieres en quelque ville ou chasteaux, ou autre forts, & tous endroits pour y seiourner.

Aller aux recreuës, quand il y a des Officiers ordónez pour l'affaire pour tout le corps, ou bien en general, quoy que ce soit, ou chacun est bien aise d'en estre exempt, toutes ces choses de cette nature se tireront au sort ; mais le commandant en fera exempt, s'il veut, comme aussi ceux qui ont charge publique.

x. Vn Capitaine mene en garde ou à l'occasion, & en toute faction depuis cinquante hommes iusques à cent : Vn Lieutenant depuis trente-cinq iusques à cinquante : Vn Enseigne depuis seize iusques à trente-cinq : Et vn Sergent depuis six iusques à seize.

Six vingts hommes doiuent estre menez par deux Capitaines , & à proportion d'Officiers, s'il y a plus de douze Capitaines au Regiment.

xi. Quand vn Capitaine sera de garde en quelque endroit que ce soit, s'il y a vn Lieutenant ou autre Officier destaché de ce qu'il cómande, il peut aller à la poste de cet Officier changer & ordonner tout ce qu'il aduisera bon estre, ayant à respondre de ce qu'il luy a esté donné du corps.

xii. Par tout où sera le Regiment, ou partie d'iceluy, paix ou guerre, il se fera garde & sera au choix des Capitaines d'y entrer, quand ce sera eux qui ordonneront la garde , mais bien tous les autres Officiers y entreront chacun selon son rang de charge & d'ancienneté, commençant par la teste, il sera de la disposition du commandant le Regiment d'ordonner la force de la garde , & de la façon ou par

Compagnie

Compagnie ou gens commandez , & nul ne pourra ſe diſpenſer de coucher au corps de garde, ny diſpenſer autruy que du conſente-ment du commandant le Regiment ou quar-tier.

XIII. Si le Regiment fait pluſieurs corps de gardes apres que le plus ancien aura pris le corps de garde nommé par le commandant le plus honorable , les autres ſe tireront au ſort, mais les Officiers qui y commanderont les hommes ne tireront pas, ains les plus an-ciens & ſuperieurs en charge commanderont les corps de garde , & les autres Officiers ſe-ront departis par rang de bataillon.

XIV. Les gardes qui ſe font deuant vn General, ou perſonne de meſme condition, ou conſideration, s'il s'y en trouue, il y doit aller des Capitaines, mais non deuant vn Ma-reſchal de Camp, quand meſme il comman-deroit en Chef, ces gardes ne ſont compriſes dans celle d'honneur, quoy quelle le ſoit en vne autre ſorte, faiſant difference de faction de guerre à celles qui ne ſont que de parade.

L'Enſeigne Colonel commance , en-core qu'il y ait, ou n'y ait pas de Capitaine, mais auec luy n'entre point de Lieutenant.

Lors que le Drapeau blanc eſt chez le General ou ailleurs en ſeureté, l'Enſeigne

Colonel peut eſtre commandé aux factions de guerre, mais non autrement, & on ne commande iamais de Lieutenant auec luy, & nul autre Enſeigne ne doit eſtre commandé ſi ſon Drapeau n'eſt chez le General ou ailleurs en ſeureté, ſi ce n'eſt en vn Camp fixe pour pluſieurs iours, comme à vn ſiege ou autre ſejour.

x v. Si l'Enſeigne Colonel eſtoit abſent vn iour de combat, le plus ancien Capitaine en charge apres le commandant, porteroit le Drapeau blanc en toutes les autres rencontres au plus ancien en degré Enſeigne, & ſi tous auoient leurs Drapeaux, au plus ancien en charge Lieutenant, excepté celuy de la Meſtre de Camp.

xvi. Si l'on ce rencontre en quelque lieu où l'on iuge qu'il ſoit à propos de faire des rondes ou patroüilles, ce rencontrant l'inferieur en charge donnera le mot au ſuperieur, & de meſme ſera referée à l'ancienneté ſe trouuant egaux en charge.

Et tous le doiuent au commandant & au Capitaine qui commandera la garde.

Le Major allant viſitant les corps de garde, ou ſur les ramparts, ou ailleurs pour la premiere fois de la nuit, tous les Caporaux ou Sergens luy donneront l'ordre, & meſme en preſence des Capitaines & autres Officiers, eſtant pour voir ſi le mot eſt de meſme aux corps de garde qu'il a eſté donné à la place, mais apres cette premiere fois il le doit au Capitaine, mais tous les autres Officiers eſtât en ronde ou patroüille, & rencontrant le Major faiſant meſme choſe, luy doiuent le mot, eſtant naturellement dernier Capitaine, & par ainſi a le commandement ſur tous ceux qui ne le ſont pas meſme par deſſus le Lieutenant de la Meſtre de Camp, à qui ce degré d'honneur a eſté concedé par grace en quelque Regiment.

XVII. Le Regiment eſtant en bataille pour combattre les ennemis, ou marcher en cette forme, dix Lieutenans ſeront à la queuë, ſçauoir cinq de la teſte & cinq de la queuë, faut que ceux qui deuront eſtre commandez ny pourront eſtre mis, mais les plus proches de leur rang en leur place, & de meſme ſera de pluſieurs bataillons à proportion du nombre des Officiers qu'il y aura en chacun.

Quand il y aura deux bataillons, le Meſtre de Câp ſera au ſecond, ſi deux Lieutenans ſont en garde enſemble, & qu'il faille ſeparer les hommes en deux poſtes, le premier choiſit, mais le ſecond pour cela ne doit point rendre compte au premier, comme ſi c'eſtoit vn

Capitaine, car vn Lieutenant ne peut commander que fa pofte, & non pas celle d'vn
autre Officier.

DE CE QVI REGARDE
le marcher.

XVIII.

LE Regiment marchant par diuifions felon la practique ordinaire, le Lieutenant
Colonel ou autre Capitaine commandant,
marchera à la tefte le premier d'apres à la tefte des piquiers, le fecond à la tefte des moufquets de derriere, & le troifiefme à la queuë,
& puis on reprend vn quatriefme pour aller
à la tefte, & ainfi s'acheue iufqu'au dernier,&
quand il y en a d'abfent, les plus proches du
rang de l'abfent occupe fa place, les Lieutenans marchent aux diuifions des moufquets,
à commencer par les premiers iufques aux
derniers de fuitte, la difference de ces diuifions à celles qu'occupent les Capitaines, &
que celles ou font les Capitaines font toutes
teftes, & celles-cy ne font que de la hauteur
que l'on veut donner aux bataillons.

Les Enfeignes aux picques en fembla-
bles diuifions que les Lieutenans & places

par mefme ordre, cette marche eft celle qui
fe tiendra à l'armée ou ailleurs, ou l'on iugera auoir befoin de former le bataillon prom-
ptement.

xix. Le Regiment paffant en quelque ville ou autres lieux, où il ne foit befoin que de
le faire paroiftre, il marchera dans cet autre
ordre, les Capitaines demeureront placez,
ainfi qu'il eft dit, mais les Lieutenans feront
feparez en trois, fçauoir vn tiers à la tefte,
vn autre tiers à la tefte des moufquets de derriere, & l'autre tiers à la queuë felon le rang
& place de Lieutenant marchant auec des
Capitaines.

Les Enfeignes feront feparez en deux,
vne partie à la tefte des piquiers, & l'autre à
la diuifion du milieu du corps des picques, &
tant les Lieutenans que les Enfeignes feront
placez par rang de bataillon, fçauoir premiers
& derniers, ou tous premiers enfemble, ainfi
que le Major le fçaura eftre le plus en vfage.

Ce qui eft dit du Regiment, doit s'entendre de mefme, s'il faifoit plus d'vn corps.

Si au Regiment, ou en vne partie d'iceluy
ne fe trouuoit que deux Capitaines, le premier marchera à la tefte, & l'autre à la queuë.

xx. Quoy que le Regiment marche dans
la France, & en lieu affeuré, comme en temps

de paix, il y aura touſiours vn Capitaine de garde pour marcher à la teſte, & aucuns des Officiers ne pourront partir du Regiment pour peu que ce ſoit, ſans la permiſſion de celuy là qui ſera de garde, s'entend s'il n'y a point de plus ancien que luy, eſtant permis à tous d'y demeurer & d'y faire faire la fonction de leur ancienneté, mais non pas d'obligation, comme celuy qui ſera de garde ce iour-l, qui ſera obligé de demeurer à la teſte, ſi ce plus ancien que luy n'y veut marcher, auquel cas ira a vne autre place iuſqu'à ce qu'il aye aduis de venir à la teſte, & afin d'éuiter que le plus ancien ne le laiſſe ſeul : il ne ſera pas obligé d'y demeurer, s'il n'y a pour le moins ſix Lieutenans & ſix Enſeignes au Regiment, ſi ce nombre ſe rencontre en ce temps-là en marchant, cette garde ce commence par la queuë.

XXI. Le Regiment ſortant d'vn quartier par Compagnie pour aller au champ de bataille, ſeront conduittes par vn Officier, pour le moins à chacune à toutes les autres occaſions où elles marcheront ſeules, comme à l'exercice, ou en vne place d'arme à l'execution de quelques ſoldats, & toute autre choſe de cette nature.

XXII. Le Regiment defilant par compa-

gnie en quelque endroit que ce ſoit, le Capitaine marchera à la teſte de ſa compagnie, &
où il voudra, l'Enſeigne à la teſte des pic-
quiers, & le Lieutenant à la queuë, & ſi le
Capitaine eſt abſent, le Lieutenant marche à
la teſte, & l'Enſeigne aux picques, & s'il n'y a
que l'Enſeigne il marche à la teſte.

Il eſt permis aux commandans de ſe mettre à la teſte de la Colonelle, mais non d'enuoyer l'Enſeigne Colonel aux picques ou
drapeau, mais le fera marcher à la gauche à
trois pas derriere.

Quand ce ſera à vne autre Compagnie
que la Colonelle qui ſera la plus ancienne, le
commandant marchera s'il veut à la teſte,
par ce qu'elle ſera plus ancienne que la ſienne
propre, il peut enuoyer l'Enſeigne à ſon drapeau ou aux piques : mais le Lieutenant marchant derriere luy trois pas pour faire difference, que ce n'eſt pas ſa Compagnie propre, ſi c'eſt la Meſtre de Camp, en ce cas le
Lieutenant marchera à la gauche du Capitaine vn peu derriere, faiſant ce que l'Enſeigne
Colonel fait en cette rencontre.

XXIII. Quoy que deux Compagnies marchent enſemble, faiſant chacune vne file, &
qu'à la plus anciéne le Capitaine ſoit abſent,
le Lieutenant de cette Compagnie là ne

marchera que derriere le Capitaine present, mais à droite, mais non directement derriere, comme quand il n'y a qu'vne Compagnie seule.

XXIV. Si ce rencontre que des deux Compagnies faisant deux files, il n'y euft qu'vn Enfeigne à la premiere, vn Lieutenant à l'autre, l'Enfeigne marchera à la droiĉte, s'entend s'il la commande en chef : car autrement il ira aux picques ou à fon drapeau , s'il y en a au Regiment, & toutes les fois qu'il eft dit, les Enfeignes aux picques, c'eft fuppofé que le drapeau ne foit pas au Regiment, car en ce cas dire l'Enfeigne aux picques, c'eft dire aux drapeaux fans changer la place où il eft dit qu'ils doiuent marcher, & ce qui ce dit des places en marchant, fe doit entendre auffi eftant en halte ou en haye.

XXV. Paffans dans quelque ville, s'il y a Gouuerneur, ou garnifon, ou bien mefme en quelque grande ville, tant Capitaines qu'autres Officiers mettront pied à terre, & marcheront ainfi la picque à la main, & mefme le Lieutenant Colonel, & s'il s'en difpenfe, tous les autres le feront, auffi on doit porter la picque fur l'efpaule deuant le General ou Prince, & fur le bras à vn moindre, mais qui commande auec grande auĉtorité, & fouz le

bras

bras ailleurs, où l'on la porte : nul Officier ne
peut difpenfer vn foldat de porter ces armes,
ny fortir des rangs fans en aduertir le Major
ou le Commandant.

DE CE QUI TOUCHE
le loger.

XXVI.

Garnifon eft par tout où l'on va auec ordre du Roy, ou du General, pour y demeurer fans aller à l'ordre, auec patentes,
portant fejour de garnifon, s'il y a deux villes
ordonnées pour le Regiment, on tirera au
fort en laquelle on doit aller, à la referue de
la Colonelle qui choifira, & la Meftre de
Camp qui aura le choix de fuiure la Colonelle, ou d'aller au fecond : la Compagnie du
premier Capitaine ne tirera point auffi, eftant
toufiours à luy à commander le fecond corps
& luy abfent, fa compagnie ne laiffera d'aller
au fecond corps, mais celles des deux plus
anciens Capitaines prefens pour l'heure ne
tireront non plus qu'elles, par ce qu'ils vont
commander les corps, mais tout le refte tire.

A la garnifon tous les logis de prefent &
C

abſent ſe tireront au ſort ſelon le rang d'vn chacun.

En chaque garniſon il y aura vn logis de preferéce pour les Meſtre de Camp ou Lieutenant Colonel, s'il y vient, permis au Commandant de s'y loger par prouiſion en leur abſence, & nonobſtant il aura ſon logis qui tirera au ſort ſelon le rang de ſa Compagnie.

Le Lieutenant Colonel en toutes les deux garniſons peut tirer vn logis, outre celuy de preference, & mettra le premier la main au chapeau.

S'il arriue qu'en marchant que les Officiers tels qu'ils ſoient, debandez du corps par commandement ou non, prennent quelques beſtail ſur le païs ennemi, ne pourront en faire leur propre, ains ſera partagé pour la ſubſiſtance de tout le corps.

XXVII. Le Major eſtant Capitaine, ne pourra pretendre qu'vn logis, permis à luy de tirer celuy de Capitaine en ſoi. rang, ou de ſe loger comme Major, ſçauoir prendre vn logis de Capitaine, le plus proche de la place, ou autre lieu où ſe monſtera la garde.

L'Aide de Major prendra vn logis d'Officier, qui ne ſera pas de Capitaine, le plus proche de celuy du Major.

Le reste de Major sera logé és enuirons du Major, si la commodité le permet.

XXVIII. L'Enseigne Colonel aura vn logis d'Officier, pourueu qu'il ne soit pas de Capitaine, sans tirer au sort, au lieu le plus proche d'où sera le drapeau blanc, tant à la garnison qu'à la compagnie.

XXIX. Tant pour garnison que pour logement de compagnie il y aura vn Capitaine & vn ou deux autres Officiers auec le Mareschal des logis pour faire le logement, & où il sera iugé à propos, il ira vn Soldat de chaque compagnie, afin de conseruer les logemens, & que chacun trouue son logement tout prest: Cecy se commance par la queuë, & nul Officier ne pourra s'excuser de cet employ quãd ce sera à son tour, & ne sera permis à d'autre d'y aller.

Il en sera de mesme pour aller au campement, ou pour cantonner où il y aura vn Officier tour à tour, & sans pouuoir s'en excuser en ayant ordre du Commandant, quand mesme le Major ou son Aide iroit.

XXX. Le Regiment ayant demeuré en ces garnisons, & ayant ordre d'en sortir & de marcher celuy qui le Commande, assemblera tous les Capitaines & Officiers Commandans des Compagnies, ausquels ayans faict

voir les ordres: Si dans les routtes il se trouue
que le Regiment soit obligé de ce separer en
brigade pour occuper tous les quartiers qui
sont marquez, il sera offert de s'accommoder ensemble auec qui on sera, & dans qu'elle
brigade, mais ne pouuät s'accommoder sans
quelque plaintes de quelques-vns, il sera tiré
au sort en cette forme. Si dans le premier lieu
où le Regiment doit se separer, il faut par exē
ple, quatre brigades, les quatre plus anciēn-
nes en charge les commanderont, & ceux-là
ne tireront pas au sort, mais toutes les autres
Compagnies en qu'elles brigades elles iront,
au choix pourtant de la Mestre de Camp, de
se mettre de la brigade de la Colonelle pour
tout le voyage ou en la seconde, sera permis,
apres auoir veu le sort que les particuliers
changent de gré à gré auec ceux qui vou-
dront, afin de ne pas oster entierement la
commodité de ceux qui veulent estre ensemble.

Ces brigades estant ainsi faictes demeureront stable, tant qu'il y aura mesme nombre
de quartiers de mesme force, ce qui ce dit
de quatre brigades, se doit entendre de moins
& de plus, & tant qu'elles seront ainsi, on tirera plus de sort pour les quartiers, mais bien
les brigadiers entr'eux pour sçauoir en quel

quartier ira leur brigade, à la referue de la Colonelle qui choifira toufiours, & la Meftre de Camp en vne routte vne fois, afin qu'elle ne change pas chaque iour fur la bonté des quartiers.

XXXI. Mais encore que le nombre des brigades demeure fans fe rompre, il aduient fouuent que les quartiers ne font pas égaux, & qu'il faut tirer d'vne brigade des Cōpagnies pour mettre dans vne autre, à caufe que les quartiers ne font pas égaux, mais afin de rendre l'égalité à chacun auant que les brigadiers tireront leurs quartiers, ils demeureront d'accord fi tel a tel quartier, il ira auec tant de compagnies, & fi tel a cet autre quartier, il n'ira qu'auec tant, & puis ayant tiré le fort pour fçauoir quels quartiers aura chaque brigade, la brigade qui debura eftre diminuée tirera au fort, lefquelles Compagnies en fortiront, & dans qu'elles brigades elles iront, à la referue des Compagnies des brigadiers qui ne tireront point, fi ce n'eft qu'vne brigade entiere fe deuffe rompre pour eftre feparée dans les autres qui fera toufiours les derniers, en ce cas toutes les Compagnies de cette brigade tirent fans exception, ce qui fe dit d'vne ou de deux, s'entend de plus grand nombre, comme s'il falloit reduire tout le Regiment en deux n'ayans que deux quartiers.

xxxii. S'il se trouue quelque petit hameau
ou petit village où il ne puisse loger qu'vne
Compagnie, il sera permis aux Capitaines
de n'y pas aller : S'il y a dans le Regiment
quelque Compagnie qui ne soit pas com-
mandée par des Capitaines en chef, & s'il ne
s'y en trouue point pour cette heure là, ou
que tous y voulussent aller, en ce cas tous tireront au sort qui ira, à la reserue des Compagnies Colonelle & Mestre de Camp, & celle du Capitaine commandant, & celle des
Brigadiers : si le Regiment est en ce temps-là
en brigades, s'il se rencontroit plus d'vne
Compagnie, où il n'y eust pas de Capitaine,
elles tireront au sort.

Vne Compagnie n'est point brigade, mais
bien deux faisant corps.

xxxiii. Les Brigadiers dans chacun de
leurs quartiers, auront le logis de preference,
& se fera garde à leurs logis, où seront por-
tez les drapeaux, s'il y en a au Regiment.

Dans vn quartier comme dans plusieurs les
meilleurs logis seront tousiours choisis pour
les Capitaines presens, & apres pour le Lieutenant commandant, en suitte pour les En-
seignes commandás des Compagnies, & pour
tous les autres Officiers, selon leur rang &

ancienneté : Les Officiers commandans des Compagnies, sont obligez de mener l'équipage de leur Capitaine absent au logis qu'ils tirent. S'il se trouue quelque Sergent commandant vne Compagnie, luy sera donné vn logis d'équipage de la valeur de celuy d'vn Lieutenant ne commandant pas en chef vne Compagnie, apres que les Lieutenans auront choisi.

XXXIV. Le Major ne tire point icy, non plus qu'à la garnison, mais prendra logis d'Officiers le plus prôche du commandant: Le Regiment & son Aide a le dernier logis des Lieutenans qui ne commande pas de Compagnie, si le Major n'est absent, en ce cas l'Aide a le mesme droict que le Major estant present, & ce donne tousiours le logis de l'Aide pour l'équipage du Major, mais c'est en ce cas vn logis de dernier Enseigne.

Le reste de l'Estat Major est logé selon la commodité du logement, à la discretion de ceux qui ont fait le logement auec le consentement de celuy qui commande.

Si visiblement il se void qu'il y ait au Regiment le bagage du Mestre de Camp ou le Lieutenant Colonel il auroit vn logis de Lieutenant ne commandant pas, faisant diference de leur équipage propre, qui doibt estre plus grande que l'ordinaire à celuy de leur Compagnie, qui doit estre logée au logis de ceux qui commandent leur compagnie.

Si dans vn quartier il n'y a assez de logis pour en auoir trois pour les Soldats, il ne se tirera qu'vn logis d'Officier par Compagnie, selon la methode qu'il est dit.

Quand il n'y a qu'vn logis par Compagnie, ils se tireront au rang des Compagnies, mais le Commandant choisira comme la Colonelle.

S'il est necessaire que deux ou trois Compagnies soient logées ensemble, elles tireront au sort lesquelles seront ensemble, & le logement sera partagé par la derniere, & les autres choisiront en leur rang, on aura pourtant égard à faire choisir la premiere Compagnie ou sera le Capitaine present, quoy qu'il ne soit pas la premiere Compagnie.

Quand le Capitaine aura les Officiers de sa Compagnie logez auec luy, ils ne pourront pretendre de partager, mais receuoir ce qu'il leur sera donné selon leur charge.

xxxv. Chaque Capitaine en parrticulier peut disposer de tout le logemét de sa Compagnie tant en garnison qu'en marchant.

Le Commandant le Regiment aura le pouuoir d'exempter des logis de logement, pour-

tant

tant auec moderation & auant que les logis
foient tirez, car apres il faut le confentement
des autres Capitaines ou Officiers à qui eft le
billet, s'il n'en donne vn autre de la mefme
forte.

XXXVI. En quelque nombre de quartiers
que foit logé le Regiment, chaque quartier
eft obligé d'enuoyer à celuy qui commande
pour fçauoir l'ordre, & ce qu'ils doiuent faire, & nul Officier ne peut refufer fes commandements.

XXXVII. Quand le Regiment fera cantonné
auec quelque autre encore que celuy qui cō-
mande le quartier aye choifi vn logis, celuy
qui commande le Regiment en particulier,
peut encore choifir vn logis dans le canton
du Regiment.

Quand le Regiment eft campé, & qu'il fe
trouue quelque logis compris dans le campement, le commandant le peut prendre, &
loger les Capitaines, s'il fe peut pour tout,
mais eftant trop petit, il en fera ce qu'il voudra, s'il y en auoit plus d'vn, il feroit tiré au
fort, quel Capitaine feroit enfemble en tel
logis.

XXXVIII. Nul Officier ne pourra refufer
d'aller au logement ny au canton & campement auec le Major ou autre, pour quelque

D

pretexte que ce ſoit, eſtant au commandant
de juger ce qui eſt à propos de faire.

Vn Capitaine ou autre Officier abſent
pour les affaires du Regiment ne perd point
les aduantages d'vn preſent, & ceux qui ne
ſeront abſent que pour vingt-quatre heures
auec congé, on leur conſeruera leur logement comme preſent, & à celuy qui commande le Regiment.

Le logis de preference pour deux fois
vingt-quatre heures eſtant campé, le Major &
ſon Aide, & le reſte loge à la queuë de la rüe
qui ſepare le Regiment ou le Lieutenant Colonel les peut mettre à ſa droitte, & à la gauche de tout le Regiment.

QVELQVES REGLEMENS
particuliers.

XXXIX.

SI apres que les garniſons ſeront eſtablies
il ſe rencontroit que par quelque faute
ou cas fortuit, il n'y euſt plus de Capitaine
dans le lieu où ſeroit la Colonelle, & que dedans l'autre garniſon il y en euſt, quant ce
ne ſeroit qu'vn, il quitteroit ſa garniſon pour

aller au corps où feroit la Colonelle fans mener fa Compagnie, quand mefme le Major
y feroit, veu qu'il n'a fonction de Capitaine
que par deffus ceux qui n'ont point Lettre
& Commiffion du Roy, iufques à tant qu'il
fuft venu vn Capitaine qui euft fa Compagnie audit lieu où feroit la Colonelle, car en
ce cas quand celuy de l'autre garnifon feroit
plus ancien, il ne commanderoit pas, & re-
tournera à fa Compagnie.

XL. Celuy qui fe trouuera commandant
le Regiment pourra ordõner des chofes comme il aduifera bon eftre, fans eftre obligé de
fuiure ce qu'auroit eftably celuy qui a commandé quelques iours deuant luy, bien en-
tendu que le tout fe fera de l'aduis des autres
Capitaines.

XLI Aucun Capitaine ny autre Officier ne
pourra eftablir vne forme particuliere de
payement dans fa Compagnie, ny autre par-
ticularitez, fi tout le corps ne l'approuue.

XLII. Nul Capitaine ne autres Officiers ne
pourront quitter le corps, ny fortir le quartier
ny le rang, ou garde pour peu que ce foit,
fans la permiffion du Capitaine commandant
le Regiment, & les Officiers particuliers de
leur Capitaine propre & du commandant.

XLIII. Nuls Officiers ne peuuent affembler le Conſeil de guerre pour punition qu'vn Capitaine en chef, mais bien les autres Officiers peuuent faire executer ce que portera vn ban faict par l'ordre d'vn Capitaine en chef.

XLIV. Le Major eſt obligé ou ſon Ayde de porter tous les ordres du Roy, quelque diſtance en quelque temps qu'il ait, & d'aller aux ordres à trois iournées du Regiment, le tout à ces deſpens, & au pain & autre munition, quelque eſloignée qu'elle ſoit.

Tout le reſte des voyages qu'il fera, meſme querir de l'argent, ou Commiſſaire ou autre choſe d'election, & auec deliberation du corps, on eſt obligé de payer ſes frais.

XLV. Quiconque ſera choiſi & eſleu par la pluralité des voix du Regiment pour aller, ou faire quoy que ſe ſoit, qui regarde le corps, ne pourra refuſer en luy payant ſon voyage raiſonnablement.

XLVI. Il ſera touſiours à l'obtion de celuy qui commande le corps, de faire faire la charge d'Ayde de Major à quel Lieutenant il iugera à propos en l'abſence du Major & de ſon Ayde.

XLVII. Si on ſe rencontroit en quelque endroict où le Regiment fuſt payé par contribution & à forfait, & en ce cas il ſera faict

reueuë par le Commandant, le Commiffai-
re & le Major, & fera donné à chacun ces ef-
fectifs, & le furplus s'il y en a partagé égale-
ment.

S'il eft permis à chacun de propofer fes
fentiments fur tous les interefts generaux &
particuliers du Regiment auec douceur &
rapport au Confeil, ou en particulier au Commandant.

XLVIII. S'il arriue entre les Capitaines &
autres Officiers quelques differens militaires,
ou mefme pour quelques interefts particuliers, ils ferót iugez par les Capitaines non in-
tereffez en l'affaire, & le iugemét obferué fans
oppofition, fauf aux laifsées de fe pouruoir à
Monfieur noftre Meftre de Camp, auquel il
fera toufiours obey par deffus tous Regle-
ments, & tout ce qui fera iugé dans le corps,
dont on fera d'acord du iugemét, & fera infe-
rée dans ce prefent Reglement, pour auoir
force & lieu, comme tout ce que deffus, dont
coppie fera donnée au Major, fes Aydes, Pre-
uofts & Greffiers du Regiment, fignée du
Commandant & du Major, & l'original fera
conferué tres-foigneufemét en quelque lieu,
tous les Capitaines & autres Officiers en
pourront auoir, fi bon leur femble.

Tous les ans au partir des garnifons, il fera

leu dans le Conseil de guerre, où tous les Officiers generalement seront assemblez, afin que chacun soit informé, & que l'on puisse adiouster ou diminuër selon les temps.

S'il arriue par accident que dans vn quartier où sera logé le Regiment entier, ou vne partie, il y ait quelque bastiment bruslé, sera contribué de tout le corps pour le payement dudit bastiment.

Fait & arresté au Conseil de guerre, & au Camp d'Obigny, le sixiéme iour de Septembre mil six cens quarante.

F I N.